CHRIS MARTIN

Pour les demandes d'autorisation, contactez :
Chris Martin
Courriel : booksmakeroffice@gmail.com

Saviez-vous qu'Halloween vient d'une ancienne fête appelée « Samhain » ?

Saviez-vous que la première citrouille
d'Halloween n'était pas une citrouille,
mais un… navet ?

Saviez-vous que les chauves-souris ne s'accrochent pas aux poils ? C'est une histoire drôle !

Saviez-vous qu'à l'Halloween, nous mangeons également des tartes à la citrouille, pas seulement des bonbons ?

Saviez-vous que l'orange et le noir sont
les couleurs d'Halloween ?

Saviez-vous que les fantômes disent «
Bouh ! » simplement parce que c'est le
moyen le plus court de faire peur ?

Saviez-vous que dans certains pays, les enfants crient « Des bonbons ou un sort ! » ?

Saviez-vous que les chats noirs étaient autrefois considérés comme les assistants des sorcières ? En réalité, ils portent bonheur !

Saviez-vous que les hiboux sont considérés comme des « gardiens de la nuit » depuis des centaines d'années ?

Saviez-vous que les citrouilles peuvent
être blanches, vertes ou même bleues,
pas seulement orange ?

Saviez-vous qu’il existe plus de 1 200
espèces de chauves-souris dans le monde
?

Saviez-vous qu'Halloween est la deuxième fête avec le plus de sucreries après Noël ?

Saviez-vous que certaines personnes décorent même leurs animaux de compagnie pour Halloween ?

Saviez-vous que dans le passé, les gens se déguisaient pour effrayer les mauvais esprits ?

Saviez-vous que les pommes au caramel
sont un dessert traditionnel d'Halloween
?

Saviez-vous que « Jack-o'-lantern » est le nom de la lanterne citrouille ?

Saviez-vous que les sorcières portent toujours des chapeaux pointus pour se démarquer dans la foule ?

Saviez-vous que les araignées portent
chance à Halloween, et non malchance ?

Saviez-vous qu'Halloween est célébré
dans plus de 30 pays à travers le monde ?

Saviez-vous que certains enfants ramassent jusqu'à 5 kilos de bonbons le soir d'Halloween ?

Saviez-vous que certaines citrouilles deviennent si grosses qu'elles pèsent autant qu'une petite voiture ?

Saviez-vous que les sorcières des contes mélangent leurs potions avec des cuillères en bois géantes ?

Saviez-vous que le soir d'Halloween, certaines personnes allumaient de grands feux de joie pour éloigner les mauvais esprits ?

Saviez-vous que les squelettes d'Halloween ne font pas peur ? Ils adorent danser !

Saviez-vous que les chauves-souris
peuvent entendre des sons que les
humains ne perçoivent même pas ?

Saviez-vous que les chapeaux de sorcière étaient en fait portés par les femmes qui vendaient des herbes et des plantes médicinales ?

Saviez-vous qu'Halloween est une nuit pleine d'imagination, où tout le monde peut être un héros, une fée ou un dragon ?

MAGIC

www.ingramcontent.com/pod-product-compliance
Lightning Source LLC
LaVergne TN
LVHW071724230826
846093LV00024B/530

9782551250844